L'ABA

à l'école

Manuel d'Intervention

Pauline GODART

Edition : BoD – Books on Demand, 12/14 rond-point des Champs Élysées, 75 008 Paris

Impression : BoD – Books on Demand, Allemagne

ISBN : 978-2-9558037-1-4

Dépôt légal : Septembre 2017

A mon su[illegible] [illegible]essionnel jamais à co[illegible]

SOMMAIRE

Précautions 9

Pourquoi ce manuel ? 11

Chapitre I : Les acteurs de l'intégration scolaire

Le point sur la loi du 11 Février 2005 15

L'intégration scolaire 16

Etre un élève différent 17

Le rôle de l'enseignant 20

Le rôle de l'accompagnant 23

Le rôle des parents 26

Chapitre II : Mettre en place une intégration scolaire

La coordination d'équipe 33

Fixer des objectifs 36

Les objectifs de l'intégration scolaire 38

Chapitre III : Les Bases de l'ABA

L'ABA 43

« Il ne va pas comprendre ! » 45

Les gratifications 47

Rendre son monde attrayant 52

Devenir une personne ressource pour son élève ...55

Gratifier les progrès 57

Guider son élève 59

Les outils visuels de la classe 62

Façonner la difficulté 68

Développer l'Autogestion 70

Chapitre IV : Les compétences de l'intégration scolaire

Les pré-requis de la vie en société : 79

1) Faire un choix 80
2) Exprimer ses besoins 81
3) Prendre plaisir à être en groupe 86
4) Accepter la frustration 89
5) Suivre des routines 91

6) Devenir autonome 95
7) Suivre des consignes simples et complexes 98
8) S'occuper seul - gérer l'ennui 102
9) Accepter les transitions : attendre 105
10) Accepter les transitions : se déplacer 108
11) Travailler seul sur une tâche académique .110

Les pré-requis scolaires 111

Chapitre V : L'adaptation des temps de groupe

Le réfectoire 116

Le sport 119

Le temps de pause 121

Les sorties 124

Quelle prise en charge pour l'enfant en difficulté ?...
..........126

Conclusion

Précautions

Ce livre donne des conseils d'intervention, et ne peut en aucun cas se substituer à une supervision donnée par un professionnel formé à l'ABA.

Chaque élève doit évidemment être accompagné de façon individuelle, en tenant compte de ses spécificités ainsi que des contraintes de son environnement.

En cas de doute, je vous conseille vivement de faire appel à un professionnel compétent.

Pourquoi ce manuel ?

J'ai souhaité vulgariser une partie des dernières avancées scientifiques en matière de pédagogie, afin d'accompagner la réflexion des enseignants et des accompagnants. Souvent utilisés dans le monde très restreint de l'autisme, ces apports sont pourtant une mine d'or pour l'encadrement d'élèves, avec ou sans handicap !

Nous nous pencherons sur ces jeunes en difficulté, puisqu'ils font souvent l'objet de doutes et d'interrogations, mais il demeure évident que les aspects pédagogiques abordés n'en seront que plus efficaces avec des élèves ordinaires !

Mes nombreuses années d'intégration scolaire, en tant que psychologue accompagnante en libéral puis superviseur, m'ont guidée dans la rédaction de ce livre, que j'ai voulu simple et fonctionnel.

Certaines parties sont très techniques : cette rigueur est surtout utile pour des élèves avec un temps d'apprentissage moins rapide, ou présentant des troubles du comportement. Cette rigueur n'est donc pas à prendre au pied de la lettre pour des élèves plus réceptifs, mais elles vous donneront une direction globale !

Bonne lecture, et surtout bonne pratique !

Chapitre 1

Les acteurs de l'intégration scolaire

Le point sur la loi du 11 Février 2005

La loi du 11 Février 2005 sur l'égalité des droits et des chances a permis la scolarisation de nombreux élèves porteurs d'un handicap, et ce dès l'âge de 2 ans. Ce texte de loi, ainsi que la refondation de l'Ecole de la République du 8 Juillet 2013, favorise l'inclusion scolaire des élèves, sans distinction de leur particularité.

Si le nombre d'élèves en situation de handicap augmente donc d'année en année, le nombre d'enseignants en difficulté augmente aussi ! Les responsables : une inclusion qui ne tient pas toujours compte des pré-requis nécessaires à la vie en groupe, un effectif réduit d'enseignants et accompagnants scolaires, une méconnaissance générale des handicaps et de leurs particularités, une méconnaissance des stratégies éducatives scientifiquement validées, des inclusions actées parfois sans que ni l'enseignant, ni l'accompagnant n'aient pu préparer la venue de l'élève.

Les équipes scolaires sont donc malmenées, entraînant parfois un sentiment d'échec. Nous allons donc étudier ensemble comment transformer l'essai et développer les potentiels de votre élève.

L'intégration scolaire

Elle concerne des élèves de 2 à 18 ans. L'élève peut évoluer seul dans l'établissement ou se faire aider d'un accompagnant, selon les difficultés sociales, scolaires ou physiques qu'il rencontre. Le Guide d'Evaluation des besoins de compensation en matière de Scolarisation - GEVA-Sco - cible les besoins de l'élève en matière d'autonomie et de compétence scolaire afin de mettre en place une intégration adaptée.

L'intégration doit avoir un but : acquérir des bases sociales, développer des compétences scolaires, ou les deux. Dans les faits, chaque établissement établit sa ligne directrice. Il est indispensable que les objectifs de l'élève soient cohérents avec ses compétences sociales et scolaires. La pertinence d'un projet aura des répercussions sur la motivation de l'équipe éducative. Si un projet surestime ou sous-estime les compétences de l'élève, ou s'il met l'accent sur les compétences académiques alors que les bases sociales ne sont pas stables, l'entourage scolaire risque de s'essouffler et se sentir en échec.

Etre un élève différent

La différence est avant tout véhiculée par le regard de l'autre, et par la comparaison avec les camarades.

Elle est visible quand un traitement particulier, positif ou négatif, est accordé à la personne. Parler aux autres des difficultés de votre élève permet de comprendre et d'éduquer à la différence, mais il ne faut pas que cela constitue un frein pour ses futurs progrès !

Je vous invite à réfléchir sur les points suivants :

- Un élève différent a souvent été confronté à l'échec, par les difficultés qu'il éprouve et par la comparaison à l'entourage. Il a donc particulièrement besoin d'être encouragé quand il progresse !
- Il est nécessaire de dédramatiser l'échec en le considérant comme normal. Ne rencontre l'échec que celui qui tente ! Accompagnez ses réactions de colère de façon calme et rassurante, et encouragez votre élève à trouver une solution alternative.
- Laissez votre élève essayer, ne le coupez jamais dans son élan sous prétexte qu'il n'y arrivera pas ! Restez à ses côtés en cas de difficulté, sans blâmer ni anticiper, il se peut qu'il vous étonne !

- Un élève dont la différence est visible, car physique ou teintée d'agressivité, a souvent l'habitude de voir son entourage abaisser ses exigences. Cela est souvent dû au sentiment de culpabilité éprouvé par l'entourage, à la peur de stresser l'élève, de rajouter trop de contrainte par-dessus ses difficultés ... Or toute personne a besoin d'un cadre, qui s'avère finalement rassurant ! Apprenez-lui à s'excuser s'il commet une erreur, et à la réparer dans la mesure de ses moyens. Apprenez-lui à remercier, à pardonner ! C'est aussi cela, l'intégration : suivre des règles et respecter son entourage.

Les particularités de l'élève peuvent être expliquées en classe, en début d'année ou lorsque les autres élèves s'interrogent. Entretenez-vous avec les parents de l'élève concerné : souhaitent-ils que leur enfant soit présent pour en discuter ? A-t-il lui-même conscience de ses difficultés et lui a-t-on expliqué ce qu'il avait ? A quel moment ont-ils prévu d'en discuter avec lui ?

Cette étape mérite concertation. Vous pouvez également réfléchir à la forme que prendra l'échange : elle peut être informative et directive, ou vous pouvez demander aux élèves ce qu'ils ont observé, et quelles questions leur viennent. Cette dernière entrée en matière semble plus naturelle.

Elle permet à l'enseignant d'apporter la bonne dose d'information, en étant guidé par la réaction de la classe.

Vous pouvez également utiliser un support vidéo ou dessiné, laisser vos élèves s'en imprégner et attendre leurs remarques. Ils pressentent la différence, puisqu'elle finit toujours par se remarquer (ne serait-ce que par la présence d'un accompagnant), il est donc préférable d'être franc !

Les autres adultes de l'établissement doivent également être sensibilisés aux particularités de l'élève : cela peut se faire par le biais d'affichettes que vous distribuez, s'il est difficile d'en discuter avec toute l'équipe. Des associations spécialisées vous aideront à trouver un outil d'information clair, auquel vous joindrez une présentation plus spécifique de votre élève et de ses difficultés.

L'information de l'ensemble de l'établissement a le mérite d'améliorer l'intégration de l'élève et de désamorcer d'éventuels conflits : vos collègues ont besoin de savoir pourquoi certains aménagements doivent être faits. Lorsque le handicap n'est pas visible, ils peuvent passer pour des traitements de faveur et créer des frustrations. Une explication s'impose donc !

Le rôle de l'enseignant

Tout d'abord, rappelons-nous … L'enseignant est à la fois GO, bobologue, instructeur, conteur, coach, négociateur, médiateur ! Tout ça pour une même personne, avec des contraintes de temps, d'argent et d'objectifs scolaires à tenir : de quoi donner le tournis.

Pour l'élève en difficulté, il se transforme en plus en éducateur et psychologue ! Or, si son aide est bienvenue, il est bon que chacun garde le rôle qui lui a été attribué.

L'enseignant reste le Référent de sa classe, garant des règles que tout élève devra respecter. C'est lui qui donne les consignes, valorise les progrès, recadre en cas de manquement au règlement. Et c'est important qu'il le reste, que l'élève soit porteur d'un handicap ou non.

Si l'on veut éviter que l'élève différent ne s'éloigne du groupe et s'ancre dans la relation duelle avec son accompagnant, il faut donc qu'il y ait un pont avec l'enseignant.

Cela peut prendre différentes formes, le plus important étant qu'une communication soit préservée. L'élève doit continuer à s'adresser à son enseignant pour :

- Demander de répéter la consigne
- Demander l'aide
- Montrer son travail une fois terminé
- Demander à l'enseignant pour sortir ou aller aux wc

Si le niveau de difficulté de l'élève est trop élevé pour que l'enseignant parvienne à intervenir seul, il peut déléguer une partie de l'intervention à l'accompagnant. Dans ce cas, il peut l'expliquer à haute voix à l'élève.

Quel que soit le niveau de l'élève et ses difficultés, quel que soit son mode de communication, on peut le guider pour aller vers son enseignant Référent. Qui lui accordera de l'attention un instant. C'est de cette manière que ce dernier prend une place importante dans la vie de tous les jours et qu'il permet de diminuer peu à peu la dépendance à l'accompagnant. Cela prend évidemment du temps et de l'énergie, mais c'est indispensable pour maintenir la place et l'implication de chaque acteur de l'intégration scolaire. Un enseignant à l'écart de la prise en charge de l'élève le connait peu et éprouve une gêne à entrer en contact avec lui. Engendrant souvent une frustration chez l'accompagnant, qui se sent isolé avec son élève.

Pour une connaissance optimale de l'élève, l'enseignant a tout intérêt à l'évaluer régulièrement quelques minutes pour connaître sa façon de communiquer et son niveau de développement. Cela peut sembler évident pour un handicap léger, mais c'est souvent complexe dans le cas d'handicaps plus lourds, notamment en cas de troubles du comportement. Or ces tests lui permettent de comprendre l'intervention de l'accompagnant et lui donnent des pistes pour l'adaptation des tâches scolaires. Ces tests peuvent également redonner de l'assurance à l'enseignant, qui connait ainsi mieux son élève.

Le rôle de l'accompagnant

L'accompagnant de l'élève en situation de handicap peut être privé ou salarié de l'éducation nationale. Il peut prendre différents noms : AVSI, AESH, intervenant éducatif ... C'est pour cela que nous garderons le terme générique d' « accompagnant ».

Son rôle est d'être une « béquille » pour l'élève en difficulté, un soutien sans faille mais qui doit toujours garder en tête qu'il devra s'éloigner peu à peu, pour laisser la place à l'enseignant.

Son aide doit être juste suffisante, la plus légère possible. Il doit observer avant d'agir, ne pas anticiper le besoin, pour permettre à l'élève de l'étonner ! Si cet exercice est difficile, il peut programmer chaque début de mois une période test, sur quelques heures, où il s'éloigne de son élève et observe son comportement. Avec la collaboration de l'enseignant il peut même sortir de la classe le temps d'un regroupement, d'une tâche académique ainsi que de consignes de groupe. Histoire de refaire le point sur ce qui est acquis ou non, et de redéfinir l'importance de l'aide à apporter.

Il est parfois étonnant de constater, alors que l'accompagnant arrive un jour en retard, que l'élève effectue spontanément certains gestes que son accompagnant fait d'ordinaire à sa place. Ce dernier doit impérativement en tenir compte et cesser d'intervenir à ces moment-là pour développer l'autonomie de son élève !

L'idéal est qu'il soit le moins indispensable possible pour l'élève : cet objectif va conditionner ses futures interventions.

Exemple : « Si demain je ne suis pas auprès de mon élève :

- Qui va lui répéter la consigne ? »
  → Je vais l'habituer à demander à l'enseignant e répéter

- Qui va lui organiser son sac ? »
  → Je vais lui apprendre à suivre seul une liste-mémo imagée pour faire son sac

- Comment va-t-il retrouver le chemin du réfectoire ? »
  → Je vais lui apprendre à solliciter son camarade pour l'aider / ou je vais rester en retrait sur le chemin du réfectoire pour qu'il perde l'habitude de me suivre et mémorise le chemin lui-même

C'est un entraînement quotidien pour remettre en question vos pratiques, prendre du recul et ne pas avoir peur de vous mettre en retrait quand votre présence n'apporte rien de plus !

L'accompagnant doit impérativement discuter de ces avancées avec l'enseignant, pour que ce dernier n'ait pas le sentiment qu'il se décharge, mais plutôt qu'il encourage l'autonomie de l'élève ! Il peut aller s'occuper des autres élèves pour que son éloignement se fasse naturellement.

Le rôle des parents

Dans le cadre d'une intégration scolaire classique, les parents sont souvent invités à rester à l'écart de la prise en charge quotidienne : on conseille même aux accompagnants de ne pas échanger du tout avec eux.

Ils sont pourtant un atout majeur car ils connaissent leur enfant, même s'il leur est difficile de rester objectif. Leur expérience quotidienne avec leur enfant peut vous apporter des solutions, ou vous permettre de comprendre certains de ses comportements. Par exemple : votre élève se montre opposant depuis 2 jours. Vous cherchez une explication rationnelle mais ne trouvez pas. Son père vous apprend que la mère de votre élève est en déplacement depuis quelques jours, ce qui provoque une anxiété chez votre élève. Grâce à ce retour, vous pourrez en discuter avec votre élève, et anticiper la prochaine séparation.

Les accompagnants sont également une source d'information importante pour les parents, qui ont souvent besoin de savoir comment leur enfant évolue et s'il s'épanouit dans son quotidien. N'oublions pas que les parents d'enfants en situation de handicap sont particulièrement touchés par le stress, l'anxiété et la dépression, de par l'exposition au handicap et le repli social qui en découle. Ils ont donc besoin d'être rassurés et pris en considération !

De plus, les recherches mettent en avant l'importance de la généralisation dans le maintien des apprentissages : c'est-à-dire qu'une nouvelle compétence se maintiendra davantage dans le temps si elle a été utilisée dans des lieux différents, avec des personnes différentes, dans des activités différentes. La compétence doit se généraliser pour s'ancrer : elle doit donc sortir de l'école pour maximiser l'effet de vos interventions !!

Si le contact avec les parents est possible, voici plusieurs éléments que vous pouvez leur demander et qui vous seront utiles, notamment en début d'année :

- Les activités / jeux / arts / sports / aliments / héros / matières scolaires que leur enfant préfère et qui le mettent en réussite
- Ceux qu'il déteste et/ou qui le mettent en échec
- S'il existe des limitations physiques : quels gestes l'enfant peut faire seul ou non ?
- En cas de difficulté de communication, demandez comment leur enfant exprime son besoin d'aide / envie d'aller aux wc / faim / soif / douleur / colère… Prononce-t-il des

mots ? Fait-il des gestes ? Faut-il employer un terme précis ?

- En cas de troubles du comportement : comment calment-ils les troubles au domicile ? Quels sont-ils ? En combien de temps diminuent-ils d'intensité ? Décrire les situations qui provoquent des comportements inadaptés chez leur enfant : cris, agressivité, fuite, ruminations, etc.
- Leur enfant semble-t-il plus sensible que la moyenne ou moins sensible : à la température, à la douleur, à la lumière, au bruit, au contact physique, à des odeurs, à des textures ? Comment le manifeste-t-il ? Quels aménagements sont faits au domicile ?
- Leur enfant est-il sensible à l'échec ? Quelles conséquences cela a-t-il ?
- Quel est le niveau d'autonomie de l'enfant au domicile en termes d'hygiène, routines, jeux en autonomie ?
- Leur enfant comprend-il des consignes simples ? Complexes ? Respecte-t-il quand on lui dit « Oui », « Non » ?
- S'il est nécessaire d'aider leur enfant, comment agissent-ils généralement au domicile : en lui expliquant ? En lui montrant ? En l'aidant physiquement ?

Cette liste de question n'est évidemment pas exhaustive, mais elle constitue déjà une bonne base pour apprendre à connaître votre élève.

N'hésitez pas également à transmettre ces éléments mis à jour à l'équipe de l'année suivante, lorsque la fin d 'année scolaire se profile.

Chapitre 2

Mettre en place une intégration scolaire

La coordination d'équipe

Des rencontres organisées par l'équipe scolaire sont indispensables, en plus de la réunion annuelle officielle, pour se transmettre les bonnes informations. Une rencontre par trimestre minimum est nécessaire pour faire un point, même s'il est informel, avec le chef d'établissement, l'enseignant, l'accompagnant et si possible les parents.

Ce point permettra de faire un bilan des progrès de l'élève, des difficultés rencontrées, et des priorités à établir. Il ne faut pas craindre de revenir en arrière, de mettre de côté le programme scolaire, tant que le comportement de l'élève met en péril son maintien en classe.

Des points intermédiaires sont aussi recommandés entre l'enseignant et l'accompagnant. Oui, ils passent leurs journées ensemble, mais se voir ne veut pas dire échanger. La vie en classe est très rythmée et chacun peut se perdre dans ses objectifs. Partir sur un point mensuel d'environ 30mn peut insuffler une énergie positive dans l'équipe, puisqu'elle donne des objectifs et recrée des liens parfois distendus par la routine et les pressions du quotidien.

Prenez des notes et gardez-les pour refaire le point lors de la réunion suivante. Cela vous évitera de papillonner et de vous perdre devant l'ampleur de la tâche !

Voici un exemple de Fiche de suivi :

Fiche de suivi du Mois de …

Objectifs actuels, souligner les objectifs acquis :

-

-

-

-

Difficultés rencontrées :

Nouvel objectif à mettre en place à partir du …/… :

-

-

Matériel à fabriquer / chercher :

Fixer des objectifs

Une technique simple pour garder une vision positive de l'évolution de votre élève :

Citer au moins 3 progrès obtenus pendant le dernier mois. Ils ne seront pas forcément les mêmes pour l'enseignant et pour l'accompagnant. Ces progrès montreront que le travail de l'équipe porte ses fruits, ce qu'on peut avoir tendance à oublier quand les progrès sont ténus.

Puis déterminer 1 ou 2 objectifs, pas plus, à viser pour le mois suivant. Gardez en tête que l'objectif que vous choisissez doit avant tout :

1) Rendre la vie de votre élève **meilleure** : par exemple apprendre à demander de l'aide va diminuer sa frustration, cela aura donc un impact sur le bien-être de votre élève.
2) Permettre de **s'intégrer dans le groupe** : parler à voix basse, tolérer qu'un autre élève s'assoie à côté de lui par exemple.
3) Développer l'**autonomie** de l'élève : elle permet de développer la confiance en soi et favorise les échanges avec les autres élèves, du fait de l'absence de l'accompagnant.

Exemple d'objectifs : apprendre à lever la main pour ne plus gêner le groupe en parlant à haute voix, et travailler au moins 5mn en autonomie.

Plus l'objectif est petit et atteignable, plus vite l'élève l'atteindra et rendra son équipe fière et pleine de motivation pour poursuivre ses efforts. C'est donc là un point primordial !

Dans cet exemple, si l'objectif parait difficile, on peut apprendre à l'élève à parler un peu moins fort que d'habitude dans un premier temps, ou instaurer un bâton de parole pour l'aider à visualiser à quel moment il peut parler sans gêner. De même, si 5 minutes de travail en autonomie semblent trop long, partez plutôt sur 1mn, avec un exercice très simple pour commencer.

L'objectif doit également être précis : ne pas hésiter à utiliser des chiffres ou des durées pour quantifier l'objectif. Un objectif de type : « Travailler en autonomie », est trop flou et subjectif pour parvenir un jour à être atteint. Par contre « Travailler seul pendant 1mn » ne laisse pas de doute : vous savez rapidement si l'objectif est atteint ou pas !

Les objectifs de l'intégration scolaire

Votre élève intégré peut avoir un degré de handicap léger comme sévère. Il faut donc adapter votre objectif à son niveau actuel.

Un élève qui ne parle pas ou peu, montre des comportements d'opposition ou d'agressivité et ne reste pas dans le groupe plus de 2 mn aura d'abord comme objectif :

- Exprimer ses besoins : faim, soif, besoin d'aide, arrêter une activité qu'il n'apprécie pas, obtenir une activité qu'il aime
- Faire un choix entre plusieurs jeux appréciés : « Tu veux lire ou aller sur l'ordinateur ? »
- Prendre plaisir à être dans le groupe : d'abord 30s, puis1mn, 5mn, 10mn, etc. L'écoute en elle-même n'est pas toujours possible, mais l'élève peut apprendre à interagir avec ses camarades, faire des blagues avec eux, rire, etc.
- Accepter la frustration

En dehors de toute pression académique. C'est la vie en groupe qui prime, le travail scolaire attendra. C'est le même type d'objectif attendu en classe Maternelle : acquérir les prérequis pour pouvoir ensuite entrer dans les apprentissages.

Une fois ces prérequis atteints, et seulement à ce moment-là, l'élève peut :

- Suivre les routines de base avec ses camarades : saluer, s'installer dans la classe, aller au réfectoire, ranger manteau et sac
- Développer son autonomie : se laver les mains, se moucher, manger seul, aller aux wc
- Suivre des consignes simples de l'enseignant (« Levez-vous », « Allez chercher vos cahiers », etc.)
- S'occuper seul sur une activité appréciée (15mn)

Puis suite à ces progrès, des compétences davantage liés aux apprentissages académiques pourront être enseignées :

- Suivre les consignes complexes de groupe (« Asseyez-vous **et** prenez vos cahiers et votre règle »).
- Accepter les transitions : attendre à son bureau, faire la queue.
- Aller chercher puis ranger le matériel de la classe
- S'occuper seul sur une tâche peu appréciée (15mn)
- Acquérir des compétences scolaires fonctionnelles, qui lui serviront même si un doute plane sur son parcours scolaire futur.

Par exemple compter des pièces, lire l'heure, déchiffrer son prénom, etc.

Ces objectifs ne sont atteignables que si l'élève montre une coopération minimum et développe sa communication. Mieux vaut avancer doucement, quitte à repousser à plus tard les avancées académiques. Des attentes trop éloignées de la réalité seront mal vécues et se répercuteront d'une manière ou d'une autre sur l'élève.

Prenez conscience que même si votre élève ne développe « que » des compétences de vie en communauté ou de communication, vous améliorez déjà considérablement sa future vie adulte.

Plus il saura s'exprimer, moins on lui imposera de choses et moins il sera frustré.

Plus il sera autonome, plus il aura confiance en lui et sollicitera peu l'aide de son entourage. Cela contribue à améliorer le bien-être de tout le monde !

Chapitre 3

Les Bases de l'ABA

L'ABA

Reprenons le fil rouge de ce livre : l'Analyse appliquée du comportement (Applied Behavior Analysis) dont les grands principes sont utilisés dans l'éducation auprès du grand public sous le nom de « pédagogie positive ».

Cette approche pédagogique se base sur 30 ans de recherches scientifiques qui ont permis et permettent encore de nous apporter des stratégies fiables pour APPRENDRE. Apprendre signifie acquérir de nouvelles connaissances, en augmentant la coopération et la motivation.

Ces principes s'appliquent à tout apprentissage, à toute personne, de tout âge et tout niveau de développement. L'utilisation de ces stratégies est efficace pour :

- ✓ Diminuer des TOCs,
- ✓ Développer l'affirmation de soi
- ✓ Agir sur certains troubles du sommeil et de l'alimentation
- ✓ Améliorer le contact social
- ✓ Augmenter les compétences d'autonomie
- ✓ … la liste est inépuisable!

Cette approche permet également de développer des sentiments de fierté et d'assurance en valorisant toujours les progrès de la personne.

L'accent est donc mis sur le positif - la punition doit être utilisée uniquement en cas de mise en danger.

Enfin, l'OPTIMISME. En effet, l'Analyse Appliquée du Comportement considère que l'être humain n'a jamais fini d'apprendre. A nous de décomposer la difficulté en sous-étapes atteignables et d'aménager un contexte suffisamment épanouissant et motivant pour y parvenir !

Il faut donc toujours aller de l'avant, et si un objectif n'est pas atteint, revoir sa copie et l'aborder sous un autre angle, utiliser un autre matériel, vérifier s'il ne manque pas un pré-requis indispensable, etc. On ne s'arrête donc jamais d'avancer vers le progrès, même s'il est infime.

Cette démarche est épanouissante car elle autorise à croire en soi et en l'autre.

« *Il ne va pas comprendre !* »

Cette remarque revient souvent, lorsque je propose des objectifs à un intervenant. « Il ne sait pas, j'ai déjà essayé », « Il ne comprend pas la consigne, à quoi bon ? ».

Contrairement à ce qu'on penserait, même si votre élève ne comprend pas vos explications, cela ne veut pas dire que l'apprentissage est impossible … au contraire !!

Si l'explication est trop abstraite, c'est l'expérimentation qui sera parlante pour votre élève. Ce sont les conséquences qui vont le guider, et bien plus efficacement !

Regardez : on a beau vous dire que les places de livraison vous sont interdites, vous continuez à les utiliser ! Le jour où des conséquences se produisent : vous vous apercevez qu'on a enlevé votre voiture … Les conséquences produites auront bien plus d'effet sur vous que des discours : à l'avenir vous respecterez les interdictions de stationner !

De la même façon, votre élève ne comprend peut-être pas les mots que vous employez, mais si vous les associez à une conséquence, il va finir par les comprendre ! Par exemple lorsque vous lui dites

« Essuie toi les mains » : si à chaque fois que vous posez cette consigne, vous dirigez ensuite votre élève vers sa serviette puis que vous le félicitez lorsqu'il amorce le déplacement, il va finir par faire le lien entre le mot et l'action. Il faudra pour cela répéter plusieurs fois l'association mot/action, montrer vous-même le geste à reproduire et surtout pointer les progrès de votre élève !

Les gratifications

La base de l'Analyse Appliquée du Comportement, est la gratification !

Le postulat de départ est simple : quand nos actions nous apportent des conséquences agréables et positives, nous avons tendance à les reproduire à nouveau. D'où l'intérêt d'avoir conscience de ces conséquences, qui seront une source de motivation pour progresser. Par exemple : si vous lisez ce livre et y découvrez des éléments qui vous intéressent et améliorent votre quotidien (conséquence positive pour vous), vous lirez probablement les ¾ ! En revanche, s'il ne répond pas à vos problématiques, vous l'abandonnerez en cours de route.

La notion d'« agréable » est évidemment subjective : une conséquence peut être motivante pour moi-même mais pas pour mon voisin. Les gratifications les plus couramment rencontrées sont les suivantes :

- La fierté de l'entourage : sourires, mots doux, contact physique chaleureux
- La fierté personnelle d'accomplir un progrès
- Des activités appréciées : jeux, jouets, activités artistiques et manuelles, musique, sortie, etc.

- L'accès à des gratifications intermédiaires : argent, diplômes, tickets, etc. qui permettront d'accéder à d'autres formes de gratifications.

L'objectif est de parvenir à des gratifications les plus courantes : les félicitations et la fierté personnelle. Cependant, un élève avec un développement différent peut paraître insensible au contact social, et ne pas expérimenter le besoin de reconnaissance de l'entourage, la fierté personnelle, etc. Pour ces élèves en questions, il sera donc nécessaire de passer ponctuellement par des gratifications moins courantes : des activités qu'il aime, une pause en dehors de la classe, etc.

La première recherche que l'on mène avec un élève différent, dont on connait peu les centres d'intérêt, est donc de trouver ce qui le passionne. Voici donc une technique possible, s'il ne peut s'exprimer de lui-même. On présente chaque gratification potentielle à l'élève et on observe vers laquelle il montre le plus d'intérêt. Pour vous aider à y voir plus clair, voici un exemple de grille à remplir :

Gratification	L'élève regarde/ écoute ou nomme la gratification	L'élève approche et/ou touche la gratification	L'élève ne montre pas d'intérêt visible
Légo		×	
Livre			×
Etc.			

Attention : les signes d'intérêt peuvent être différents d'un élève à l'autre, en fonction de son niveau de développement, de son niveau de communication notamment. Fiez-vous donc aux signes de joie que vous lui connaissez, plutôt qu'aux signes « classiques » que notre société nous enseigne, et que votre élève n'aura peut-être pas intégré. Certains élèves montrent par exemple leur joie en émettant des sons bruts (qui ne sont pas des mots), d'autres manifestent leur intérêt en agitant les mains, ou en sautillant.

Restez donc à l'écoute, observez et testez !

Une fois les éléments de son environnement observés, on liste les gratifications qui semblent l'intéresser, et on les présente 2 par 2, en notant à chaque fois laquelle est davantage regardée/ touchée :

Evaluation des gratifications	Gratification la plus observée / manipulée
Légo et Livre	Légo
Livre et maracas	maracas
Etc.	

Nous obtenons ainsi une idée des activités préférées de l'élève.

Il est recommandé de tester des gratifications de différents domaines : quelques gratifications sociales, quelques gratifications visuelles (film, loupe, toupie, etc.), quelques gratifications auditives (musique, instrument), etc.

Vous pourrez peut-être isoler un sens que votre élève privilégie. Il préfère les éléments visuels ? A vous de trouver de nouvelles activités stimulant sa vision. Ces informations sont précieuses pour mieux le connaître et ajuster votre pédagogie.

L'aide des parents et à mon sens indispensable pour vous aider à réunir un maximum d'information sur leur enfant.

Rendre son monde passionnant

Au-delà des gratifications extérieures, qui vont permettre à un élève en grande difficulté d'avancer, l'accent doit être mis sur le caractère attrayant de son environnement.

Plus son monde est stimulant, plus votre élève aura envie d'y évoluer et de se dépasser.

Donc :

1) Faites le point sur les centres d'intérêt de votre élève
2) Cherchez comment les intégrer naturellement dans sa vie quotidienne

Ses héros favoris, son attrait pour les dinosaures peuvent se retrouver dans une tâche de graphisme.

L'exercice de mathématique peut devenir plus attractif en manipulant ses figurines favorites, ou les scoubidous qu'il adore.

Le jeu du Cadavre Exquis rendra l'apprentissage de la grammaire beaucoup plus amusant !

Un « Qui-est-ce » réadapté avec les photos des enfants de sa classe peut l'aider à intégrer leurs prénoms.

Les divers jeux de société existant dans le commerce, souvent sous forme de carte très faciles à ranger, peuvent booster les compétences de votre élève sur le plan académique, tout en lui enseignant des comportements d'élève. Attendre son tour, aider son partenaire, mémoriser une règle sont des apprentissages aussi nécessaires qu'apprendre à lire ou compter !

Les nombreux autocollants et dessins que l'on retrouve sur internet peuvent facilement embellir le quotidien de votre élève.

Plus simplement, le fait de placer une tâche peu appréciée juste avant une activité que votre élève adore peut vous aider à le stimuler ! Il finira de ranger sa place plus rapidement s'il sait que sa récréation commencera par son jeu favori.

Ces remarques sont valables pour tout élève, et même tout être humain ! Rien de nouveau, en somme : un apprentissage mené dans le plaisir s'ancrera plus efficacement.

Reste maintenant à trouver le temps d'envisager ces adaptations, et si vous êtes enseignants, à tenter de les intégrer à votre classe. Il ne s'agit pas de favoriser votre élève différent, mais plutôt de mener une démarche globale avec en fond :

« Quels centres d'intérêt partagent tous mes élèves ? »

Devenir une personne ressource pour son élève

Les gratifications précédemment identifiées chez notre élève permettront, si ce n'est pas déjà le cas, d'aider l'accompagnant et/ou l'enseignant à devenir une personne ressource.

Pour y parvenir, l'adulte va s'associer aux activités préférées de son élève, afin de passer régulièrement des moments agréables, sans contrainte. Il peut aider l'élève, commenter ce qu'il fait, apporter des variantes de jeu, sans jamais forcer. L'élève va ainsi découvrir dans l'adulte une personne capable de lui apporter du confort, du loisir, et aura davantage tendance à rechercher son contact.

Il aura également plus à cœur de suivre ses conseils puisqu'il aura confiance en lui et souhaitera entretenir un lien agréable.

Ne soyez donc pas avare de ces moments de détente. Ils vous demanderont du temps, mais la coopération créée vous en fera regagner par la suite !

Cet effort de mise en confiance peut également être effectué par des élèves volontaires ou d'autres personnels de l'établissement.

Ces temps sont à favoriser, au moins 5mn au début de chaque demi-journée, au minimum !

Gratifier les progrès

Les gratifications sont identifiées et l'entourage a une place forte dans la vie de l'élève : nous allons étudier comment valoriser efficacement les progrès de l'élève.

Les gratifications, pour consolider les progrès, doivent survenir immédiatement après les comportements que l'on cible. Par exemple, pour un élève à qui l'on apprend à parler à voix basse pour ne pas déranger le groupe, et qui a comme gratification identifiée : les félicitations et les puzzles.

A chaque fois qu'il parlera à voix basse, ou au moins un peu moins fort, nous le féliciterons. Au bout de 4-5 efforts pour parler moins fort, pourquoi ne pas lui offrir une pause pendant laquelle il pourra faire son puzzle préféré ?

Pour rendre l'opération plus efficace, il faut prendre soin de :

- Connaître précisément l'objectif que l'on vise. Pas de terme trop général comme « Etre calme », qui peut être interprété de mille façons, mais plutôt « parler moins fort », « rester assis sans gêner le groupe 30s », par exemple.

- Gratifier l'effort dans les 3s après qu'il ait été produit. Les gratifications peuvent être variées d'une fois à l'autre, le plus important étant qu'elles fassent partie du TOP 5 des activités préférées de l'élève !
- Nommer l'effort que nous gratifions : « Je vois que tu as parlé moins fort ! », cela informe l'élève du progrès apparu, et ça l'aide à le reproduire.
- Apporter une gratification après cet effort, et ce de façon répétée, jusqu'à ce que la compétence ciblée soit acquise.
- Une fois la compétence acquise, on ne gratifie de moins en moins souvent, puis on arrête. Ainsi l'élève apprend à faire un effort pour lui-même, et non pour les autres. La notion de fierté personnelle apparait.
- On essaiera dans la mesure du possible d'informer l'entourage des 2-3 objectifs en cours que l'on gratifie. Plus l'entourage est cohérent et applique la même stratégie, plus les progrès se maintiendront dans le temps.

On peut réévaluer les gratifications tous les jours, pour identifier les éventuelles lassitudes de l'élève, et se forcer à explorer de nouvelles pistes qui augmenteront le champ de ses centres d'intérêt.

Guider son élève

Pour pouvoir gratifier un progrès, encore faut-il que celui-ci apparaisse … S'il apparait de temps à autre, il est impératif de le valoriser, comme nous l'avons abordé précédemment.

S'il s'agit d'une compétence encore inconnue, inutile d'attendre qu'elle apparaisse par magie : vous allez aider l'élève à la faire naître !

Il existe plusieurs façons de faire apparaître une nouvelle compétence. Voici les plus utilisées :

- Guider physiquement l'élève
- Montrer l'exemple à suivre, que l'élève va imiter
- Expliquer comment faire, à l'oral
- Aménager l'environnement pour faire apparaître la compétence (comme surligner en gras une ligne pour que l'élève comprenne qu'il doit écrire dessus, écrire une liste-mémo, etc.).

La **guidance physique** est si possible à proscrire car elle est intrusive et peut donc être mal vécue par celui qui la donne et celui qui le reçoit. A utiliser si aucune autre ne fonctionne.

La **guidance imitative** est la plus naturelle, puisque l'imitation fait partie des outils que nous utilisons principalement pour apprendre au quotidien. Il faut donc apprendre à notre élève des stratégies les plus naturelles possibles, qui lui ouvriront les portes d'un nombre incalculable d'apprentissages. Il est possible d'y associer une consigne au début, si l'élève ne comprend pas ce qui est attendu. Vous pouvez lui dire « Fais comme moi » puis rapidement donnez le modèle à imiter. Il peut être nécessaire de le guider physiquement au démarrage pour amorcer le geste, puis gratifier ses efforts. Puis diminuez la force de la guidance physique et continuez à gratifier dès que l'élève démarre l'imitation sans aide. Stoppez peu à peu la guidance physique. Il sera nécessaire d'entraîner l'élève tous les jours pour ancrer l'apprentissage !

La **guidance verbale** nécessite une attention auditive minimum. L'élève doit donc être réceptif, et ses efforts pour suivre vos instructions devront être valorisés, comme lorsque vous enseignez la guidance imitative.

La **guidance visuelle** est une autre guidance très utilisée dans notre vie de tous les jours : une To-Do List nous rappelle de faire les courses, un symbole M nous indique où se trouve le métro, notre collègue fluote un document pour nous indiquer quelle partie compléter…

Une guidance doit dans un premier temps être suffisamment efficace pour que votre élève ne puisse pas se tromper. Ainsi il ne mémorise pas une réponse incorrecte et se trouve en situation de réussite ! Il expérimentera un état de motivation propice à un apprentissage efficace. Une fois qu'il a rencontré plusieurs fois la réponse correcte, la guidance peut être diminuée peu à peu pour laisser l'élève initier la réponse, faute de quoi il sera toujours dépendant de votre présence. La diminution de la guidance doit être suffisamment douce pour que l'élève ne puisse pas faire d'erreur. Avant de commencer à utiliser une guidance, vous devez donc avoir anticipé sa disparition.

Une guidance peut être estompée en diminuant la force avec laquelle on manipule notre élève, en diminuant le son de notre voix quand on pose les consignes, en guidant derrière l'élève pour être moins intrusif, en rendant de moins en moins saillantes les « béquilles » que l'on a apportées.

Voici quelques exemples de guidances visuelles utilisées en classe.

Les outils visuels de la classe

Voici des guidances faciles à utiliser dans la vie de tous les jours : c'est le type de stratégie que l'on va employer pour rendre saillant les éléments importants, que notre élève doit repérer ! Quelques exemples :

Rendre saillant un élément du matériel scolaire

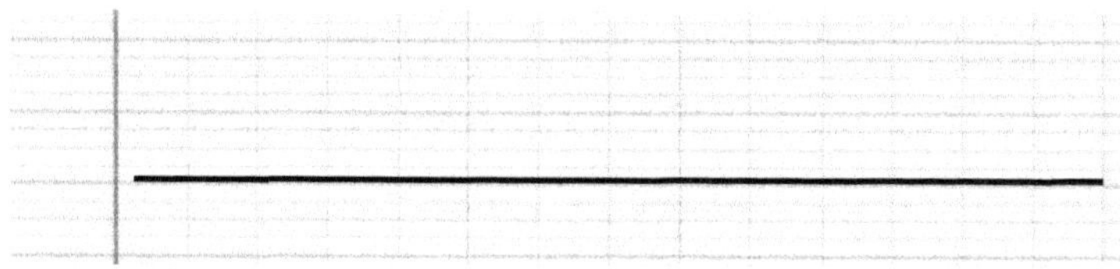

3+2 =

3+2 =

3 + 2 =

Mémo de rangement :

Pour faire des **MATHS**	Pour faire de la **GRAMMAIRE**
J'ai besoin de : Mon compas Mon livre de Maths	J'ai besoin de : Mon cahier rouge

Planning visuel :

Ce matin :  →  → 

Règles de la classe et règles individuelles :

Je dois :

Lever au moins 2 fois la main pour parler

☐ ☐

Pour pouvoir :

Jouer 5mn sur l'ordinateur

Structuration du temps : Horloge ou Timer

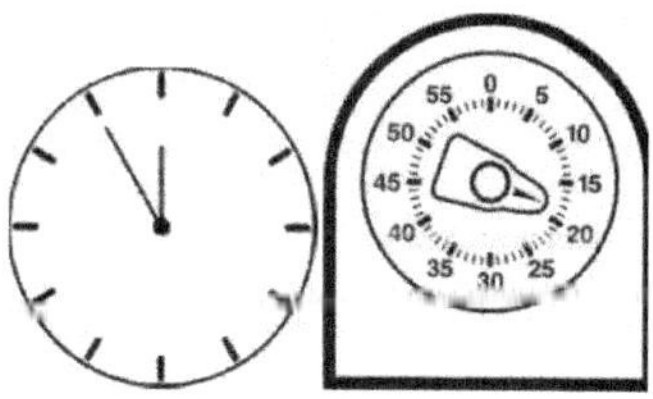

On utilisera de préférence une horloge, puisque c'est l'outil temporel de référence. Sinon le Timer sera utilisé en soutien. Ces outils permettent de se situer dans le temps, que ce soit pendant une tâche scolaire ou un moment de détente. Ils peuvent être nécessaires quand l'élève montre des réactions d'opposition au moment des changements d'activité. Cela peut également l'aider à gérer son temps pendant un contrôle par exemple, s'il montre des lenteurs.

Proposition d'utilisation :

1) Expliquer le pourquoi du Timer / l'horloge : « Tu as X minutes pour effectuer cette activité. Quand le temps sera écoulé, nous passerons à X activité ».
2) Montrer plusieurs fois le Timer / l'horloge pendant l'activité pour que l'élève en prenne conscience. Le laisser bien en vue pour qu'il puisse le voir sans votre intervention.
3) Dans un premier temps, apporter des gratifications dès que l'élève regarde spontanément le Timer / l'horloge.
4) Puis apporter des gratifications dès que l'élève modifie son comportement suite à l'utilisation du Timer / de l'horloge : il accélère lors d'un travail sur table, ou ne montre plus d'opposition quand l'activité change. Dans le cas du travail à table, il s'agit de façonner l'effort : par exemple finir l'exercice en 10mn, puis 7mn, 5mn, etc. Et on gratifie en cas de succès à chaque étape. Une fois l'étape réussie au moins 3 fois, on

diminue le temps lors de l'essai suivant. Et ainsi de suite jusqu'à parvenir au critère final.

5) Nous apprenons à l'élève à utiliser seul son Timer/ son horloge. L'enseignant donne un challenge de temps, que l'élève va paramétrer sur son Timer, ou noter sur une feuille dans le cas d'une horloge. Il est gratifié s'il termine dans le temps imparti.

Vous pouvez lancer un challenge à votre élève, en déterminant avec lui le temps à ne pas dépasser pour terminer son devoir.

Exemple avec cette carte Défi :

challenge

Si je finis mon travail avant que le Timer sonne, je suis le grand champion des Maths !!

Je peux faire une pause et lire mon livre préféré

Pour faciliter son utilisation, vous pouvez créer une carte-type en laissant des blancs, que vous allez adapter en fonction de la matière et des gratifications utilisées. Vous pouvez y ajouter une photo de son héro préféré, une citation, ou tout élément positif pour votre élève.

Une fois plastifiée, elle deviendra un précieux allié.

Façonner la difficulté

Une compétence peut s'avérer trop complexe si elle est enseignée telle quelle. Il convient donc de diminuer sa complexité afin de l'ajuster au niveau de l'élève.

Pour déterminer une étape de départ, le plus efficace est de tester la compétence. C'est à dire qu'on donne la tâche / la consigne à l'élève et on note sa réaction, sans intervenir : l'effectue-t-il en partie ? Pas du tout ?

Partons de ce point de départ et évoluons étape par étape. C'est l'élève qui nous guide. La donnée essentielle étant d'apporter des gratifications importantes dès qu'il réussit l'étape. Quand celle-ci est réussie au moins 3 fois, elle n'est plus gratifiée et on passe à l'étape suivante.

Exemples de façonnement :

- Apprendre à demander des feutres pour un élève qui parle très peu ou ayant des difficultés de prononciation : nous accédons à sa demande quand l'élève dit « Feutre ». Quand cette demande est spontanée et acquise, nous augmentons l'exigence à la phrase « Donne feutre ». Et enfin « Donne-moi les feutres stp ».

- Mettre le manteau sur le porte manteau : aller au porte manteau quand l'élève est juste à côté de ce dernier, puis quand il se trouve à 1m, puis quand il est dans la classe, puis dans la cour.
- Ecrire des chiffres : l'élève apprend d'abord à repasser sur le chiffre déjà écrit, puis il repasse le chiffre en pointillé, ensuite il trace le chiffre en reliant 2 points tracés par l'adulte, puis il écrit le chiffre entièrement.
- Mettre ses vêtements de sport : si l'élève montre de l'opposition à mettre sa tenue, il peut commencer par mettre uniquement sa veste de sport au-dessus de ses vêtements. Puis sa veste et son T-shirt. Puis il ajoute le pantalon, et enfin les chaussures.

Assurez-vous que chaque étape est bien maîtrisée – au moins 3 fois - avant de passer à l'étape suivante et de stopper les gratifications. Vous pouvez refaire un test régulièrement pour voir où en est votre élève et réajuster vos étapes. Il se peut qu'il accélère de lui-même la vitesse de l'apprentissage, tant mieux !

Restez ouvert à ses progrès et laissez-le s'approprier ses nouvelles connaissances !

Développer l'Autogestion

Lorsque votre élève est en mesure de communiquer et d'avoir du recul sur lui-même, il est recommandé de lui apprendre à se fixer ses propres objectifs afin de développer son sens des responsabilités et sa confiance en lui. La fierté qui en découle prendra peu à peu le pas sur les gratifications extérieures, qui ne doivent être que temporaires. Pour y parvenir, voici quelques règles à suivre :

- Définir, **avec l'élève**, un objectif à atteindre. Il doit être atteignable et facile à mesurer pour que votre élève sache bien reconnaître le moment où il est en progrès. Par exemple : « Faire moins de 5 fautes à la dictée », ou « Lire 10 pages du livre ». Préférez les challenges en lien avec un domaine de prédilection de votre élève, cela lui donnera envie de se dépasser ! Si l'objectif est trop difficile à atteindre, divisez-le en sous-objectif. Gardez bien l'objectif final en tête et façonnez la difficulté. Etablissez un petit contrat écrit, que chaque participant vient signer. Exemple :

Contrat de …….

Je vais réussir à ranger mon bureau au moins une fois chaque jour. Je coche la case quand j'ai rangé mon bureau :

Lundi	
Mardi	
Jeudi	
Vendredi	

Si je range correctement mon bureau toute la semaine, je pourrai ………………………

Signature élève Signature enseignant

- Donnez à votre élève un outil pour comptabiliser son comportement : une feuille avec des cases à cocher dès qu'il réussit son challenge par exemple.

- Préciser l'intervalle de temps pendant lequel votre élève doit réussir son challenge : en 1h, une matinée, une journée ?
- Déterminez avec votre élève un privilège s'il réussit son challenge.
- Tous ces éléments doivent être écrits sur le contrat, pour que l'élève s'en souvienne.

Puis :

- Montrez à votre élève l'objectif attendu : donnez-lui le modèle puis demandez-lui si l'objectif est atteint. Par exemple pour un challenge « Moins de 5 fautes à la dictée », montrez-lui plusieurs de ses anciennes dictées et demandez-lui pour laquelle il aurait réussi son challenge. Sachant qu'au moins une dictée contient moins de 5 fautes et une autre en contient davantage, pour qu'il apprenne bien à évaluer chaque situation possible.
- Une fois qu'il sait identifier lorsque l'objectif est atteint, mettez-le en situation. Commencez par lui faire choisir un privilège, puis gardez-la dans son champ de vision.
- Donnez à votre élève son outil pour comptabiliser le challenge. Commencez par petit, par exemple :

Challenge	**Je le fais :**
Je vais essayer de faire mon exercice tout seul	1 2 3 4 5

- Apprenez à votre élève à entourer / faire un bâton quand il réussit son challenge. Il recevra dans un premier temps une gratification quand il réussira à compter correctement combien de fois il réussit.
- Puis donnez la récompense quand il remplit son challenge. Commencez par un challenge très facile, sur une courte période de temps (moins de 5mn), puis vous augmenterez progressivement la difficulté. Exemple pour la dictée, s'il fait en générale 12 fautes : faire moins de 10 fautes, puis moins de 8 fautes, puis moins de 7 fautes, etc.

Vous pouvez garder un critère de réussite précis avant de passer à l'étape suivante : 3 réussites pour la même étape, puis vous augmentez la difficulté.

- Une fois le challenge final atteint, **diminuez la taille de la récompense**, et exigez que **plusieurs challenges** soient atteints avant de la donner.

- Ces challenges sont adaptables avec tout apprentissage : rester calme, dire « Bonjour », lever la main pour répondre, travailler en autonomie, etc.
- Vous diminuerez ensuite votre présence en laissant votre élève gérer son challenge écrit, le comptabiliser seul, et se récompenser quand il a atteint son objectif. Gardez un œil de loin et valorisez-le quand il respecte bien son contrat, même s'il n'a pas réussi sa tâche. Le simple fait de respecter les règles et de ne pas s'auto-récompenser quand il a échoué doit être félicité !

Vous pouvez multiplier les challenges de la journée / de la semaine / du mois, suivant sa progression, afin de différer de plus en plus la récompense.

Exemples :

Sur la journée

Aujourd'hui, je m'engage à :

M'habiller seul	
Finir mon contrôle avant la sonnerie	
Ranger mon bureau	

Je pourrais ensuite ....

Signature :

Sur la semaine

Cette semaine, je m'engage à :

	Lun	Ma	Me	Jeu	Ven
M'habiller seul					
Finir mon contrôle avant la sonnerie					
Ranger mon bureau					

Si j'ai au moins ... cases validées, je pourrais ....

Signature :

L'exigence augmente régulièrement, en augmentant le nombre de case à valider pour obtenir la récompense finale.

Chapitre 4

Les compétences de l'intégration scolaire

Les prérequis de la vie en société

Après la question du « Comment ? », la question du « Quoi ? ». Nous allons revoir ensemble quelles compétences enseigner, en fonction du niveau de l'élève, et la façon la plus simple de les mettre en place.

Voici les principales compétences dont l'élève aura besoin pour appréhender la vie en groupe et être en bonne condition pour apprendre. Nous n'aborderons donc pas de programme scolaire en temps que tel, mais plutôt des prérequis essentiels.

Des indications de temps, de fréquence et de nombre d'essai vous sont proposées. Elles montrent un aspect rigoureux de l'Analyse Appliquée du Comportement, qui prône des objectifs précis, quantifiables, afin de limiter les à-peu-près. Tout cela pour rendre vos interventions objectives et efficaces !

Que vous suiviez ou non cette rigueur, gardez en tête que la tâche doit être d'une difficulté faible pour ne pas placer l'élève en échec, et qu'il vaut mieux attendre au moins 3 succès pour passer à la difficulté suivante. Guidez sans forcer, et surtout : GRATIFIEZ !!

1) Faire un choix

Cet objectif peut sembler simpliste, mais il est pourtant un acte essentiel, qui nous permet de prendre le contrôle sur notre quotidien. Or toute personne a besoin de contrôler, de diriger son environnement. Cela donne un sentiment de fierté et améliore la confiance en soi. Le fait de choisir peut également faire diminuer le nombre de comportements d'opposition !

Faire un choix entre plusieurs activités préférées, ou même 2 tâches moyennement appréciées favorise la motivation de votre élève. Il est toujours plus agréable de donner son avis, et quelque part cela nous engage à faire de notre mieux.

Pour enseigner le choix, commencez par choisir entre plusieurs activités préférées : d'abord 2, puis 3, 4, etc. Parmi les objets qu'on lui présente, l'élève choisit l'activité, y accède quelques minutes, puis range l'activité et on recommence : on propose un nouveau choix entre 2 activités, etc. S'il ne prend ou ne saisit pas directement l'objet, observez-le : suivez son regard et décryptez son attitude. S'il montre un intérêt pour l'un des objets, prenez-lui la main, faites-le pointer avec son index et posez-le sur l'objet en question puis laissez-le jouer avec l'objet. D'essai en essai, aidez-le de moins en moins fortement et restez en retrait afin qu'il n'attende pas systématiquement votre intervention ! Quand l'élève fait un choix consenti, et montre des signes d'amusement, on peut estimer que le choix qu'il a fait était judicieux !

Une fois qu'il peut choisir une activité préférée à au moins 5 reprises, enseigner le choix entre 2 tâches moins appréciées. D'abord des tâches rapides et simples, que l'élève maîtrise. Puis complexifiez les tâches et augmentez leur nombre peu à peu. Pensez bien à encourager les efforts fournis, pour maintenir un bon niveau de coopération !!

2) Exprimer ses besoins en classe

C'est une compétence essentielle à enseigner à votre élève, s'il ne l'a pas déjà acquise. Elle jouera sur son bien-être, celui de son entourage, et diminue le risque de développer de l'agressivité.

Les principales demandes qui seront utiles à votre élève sont les suivantes :

- Demander de l'aide
- Demander un objet / une activité
- Donner une instruction à quelqu'un
- Demander à arrêter une activité
- Demander de l'attention

Ces demandes sont à développer impérativement si votre élève ne les maîtrise pas déjà car elles lui permettront d'accéder à des activités qu'il aime et à gérer l'échec ou l'inconfort. Vous améliorerez sa vie considérablement et risquez rapidement d'observer des conséquences positives sur son comportement : il coopérera davantage et montrera moins de comportements négatifs.

Quelques conseils à suivre :

1) Enseigner cette compétence en dehors de tout moment d'agitation, en dehors du groupe classe et dans un lieu calme.
2) Enseigner une demande à la fois
3) Placer votre élève dans une situation propice à la demande : tâche difficile dans le cas de la demande d'aide ou d'instruction, objet préféré visible mais hors de portée pour la demande d'objet, objet manquant et motivant pour apprendre à demander un objet (manteau caché au moment de sortir en pause, crayon manquant pendant le dessin), aliment / boisson / jeu préféré visible mais hors de portée de main, tâche peu appréciée dans le cas d'une demande pour stopper une activité, ou encore un moment d'ennui pour travailler la demande d'attention.
4) Placer l'élève dans la situation évoquée en 3)

5) Très vite, dans les 5s, donnez-lui la clé pour obtenir ce qu'il désire. Par exemple dites-lui : « Tu dois dire : « Aide-moi » » dans le cas d'une demande d'aide
   « Tu dois dire « Viens » » dans le cas d'une instruction à l'entourage
   « Tu dois dire « Je veux le livre » », par ex dans le cas d'une demande d'objet
   « Tu dois dire « Je veux arrêter » » ou « Non » » pour apprendre à stopper une activité désagréable.
   « Tu dois dire « Regarde » » ou « *Prénom* » pour une demande d'attention.
6) Adapter la demande au niveau de l'élève : elle peut être un seul mot en cas de difficulté d'élocution ou si l'élève n'est pas habitué à parler, ou être un pictogramme associé à la demande. Dans ce cas on utilise un pictogramme bien distinct par demande. On montrera alors à l'élève comment le prendre et le tendre à son interlocuteur.
7) Une fois la demande verbale répétée / ou le pictogramme donné par l'élève, permettez à votre élève d'accéder à ce qu'il demande : de l'aide, un objet, arrêter la tâche, votre attention.
8) Répétez l'exercice au moins 5 fois dans la demi-journée si possible, pour que

l'apprentissage s'ancre, et reproduisez l'exercice tous les jours jusqu'à acquisition.

Attention : travaillez cette situation AVANT que votre élève ne soit en situation de frustration, et donc indisponible pour apprendre.

Exemple : pour un élève qui aime vous avoir à ses côtés : écartez-vous de quelques mètres et guidez-leimmédiatement pour vous appeler. Ainsi il n'a pas le temps de ressentir de l'agacement et intègrera mieux la demande.

9) Diminuez progressivement l'aide que vous lui apportez pour faire la bonne demande. Au bout de 2 jours, attendez au moins 3s avant de donner la guidance pour donner la bonne phrase ou le bon pictogramme.
10) Quand vous obtenez 3 demandes spontanées d'affilée non guidées, vérifiez que l'élève utilise sa demande avec d'autres personnes, dans d'autres lieux, avec d'autres objets / tâches. Il peut être nécessaire de reprendre l'apprentissage jusqu'à ce que l'élève généralise bien ses demandes.

Note : Il est indispensable d'apprendre à votre élève à dire « Non » ou « Je veux arrêter », cela contribue à améliorer son bien-être. Dans un premier temps il l'utilisera et vous obligera à stopper certaines de vos activités, ce qui vous semblera problématique. Mais une fois qu'il maîtrisera cette demande, vous pourrez insister pour qu'il fasse un effort et travailler la gestion de la frustration. Le simple fait de savoir comment contrôler son environnement tranquillisera votre élève et le rendra plus souple. Patience donc durant l'apprentissage et la prise de conscience de son nouveau pouvoir tout neuf : vos efforts seront payants sur le long terme !

Une fois que votre élève est à l'aise dans l'expression de ses besoins, affinez ses compétences :

- Aidez-le à rendre ses demandes plus précises : en y ajoutant des adjectifs, des noms, pronoms, compléments, etc.
- Affinez ses demandes d'aide : apprenez-lui à expliquer précisément ce qui lui pose problème, comme « Je ne sais pas comment on écrit ce mot ».
- Apprenez-lui à agir sur ses particularités sensorielles, s'il en a. Un élève sensible au bruit peut demander à s'isoler en cas de brouhaha, un élève sensible à la lumière peut demander à baisser un store en cas de soleil, un élève qui ne supporte pas de se salir peut demander une blouse de peinture, etc.

Globalement, dès que vous voyez votre élève dans l'embarras, notez-le, identifiez ce qui lui pose souci et imaginez quelle demande il aurait pu faire pour solutionner lui-même la situation.

Il ne vous reste plus qu'à lui apprendre !

3) Prendre plaisir à être en groupe

Un élève qui n'a jamais été habitué à être en groupe peut montrer des réticences à y rester à cause :

- Du bruit
- Du contact physique et/ou social
- De l'attitude de l'enseignant, qui s'adresse au groupe entier et non plus à soi tout seul
- D'une difficulté à maintenir son attention longtemps sur l'activité qui s'y déroule. Cette difficulté peut mettre l'élève en échec et développer chez lui des comportements inadaptés.

Il est impératif que votre élève s'y sente bien car même sans connaître son orientation future, il est plus que probable qu'il vivra en collectivité. Préparer cet objectif lui permettra donc de s'intégrer plus rapidement. Quelques adaptations peuvent en faciliter le déroulement :

- Asseoir l'élève à côté d'un camarade, ou d'un enfant compatible avec lui : farceur, ou calme, selon son caractère. Si votre élève gesticule beaucoup ou a des attitudes parfois inadaptées, préférez un voisin compréhensif !
- **Trouver des sources de motivation** au sein du groupe : si votre élève aime le dessin, on peut coller au centre du groupe un dessin qu'il aime et qu'il aura dans son champ de vision. S'il aime rire, on peut le placer à côté d'un élève boute-en-train, s'il adore la mécanique, on peut le placer à côté d'un matériel de construction auquel il aura accès s'il a eu un comportement approprié dans le groupe, etc. Les premiers temps nous pourrons travailler sa tenue en groupe uniquement pour des groupes qu'il apprécie le plus : musique, débat, sport ?

- Façonnez la difficulté : observez le comportement de votre élève au sein du groupe sans intervenir la 1ère fois, puis avancez étape par étape. Si en général l'élève reste calme 2mn avant de s'agiter, la 1ère étape à gratifier sera légèrement inférieure, pour aboutir à un succès ! ex : ici, on partira sur un intervalle de 1mn30 puis l'élève fait une pause ou on lui donne accès à une activité qu'il aime. Il reprend ensuite sa place dans le groupe pour 1mn30s, etc.

- S'il reste calme pendant d'intervalle, gratifiez-le. S'il perd son calme, le décompte reprend à partir de 0 et l'élève restera dans le groupe de façon appropriée 1mn30 avant de faire sa pause. D'où l'importance de partir d'une exigence faible, pour le mettre un maximum en réussite !
- Quand il reste calme pendant environ 80% du regroupement, on augmente l'intervalle de 30s. Et ainsi de suite jusqu'à votre critère final.

- Si en procédant ainsi des difficultés subsistent, vous pouvez diminuer le temps total de regroupement en le divisant par 2 ou 3. En reprenant l'exemple précédent, il y commencera par de petits intervalles de 1mn30 mais cette fois-ci sur 5 ou 10 mn au total. Puis l'élève quitte le groupe et s'occupe autrement avant l'activité suivante. Cela évite à tout le monde de se retrouver dans une situation stressante.

Cette procédure peut paraître très rigoureuse, mais elle est surtout efficace ! Si vous ne pouvez pas mesurer le temps de façon précise, partez sur des intervalles multiples de 30s ou 1mn, plus faciles à visualiser sur une horloge ou une montre. Vous pouvez également vous aider d'un chronomètre à vibration que vous pouvez configurer pour vibrer toutes les X secondes ou minutes. Il s'agit d'un outil utilisé dans le milieu sportif, que vous pouvez vous procurer facilement sur internet.

L'intégration en temps de groupe peut se faire progressivement si nécessaire : une fois par jour pour commencer, toujours au même moment pour créer une routine. Par exemple le premier temps de regroupement de la journée, ou après le repas, plus faciles à anticiper.

4) Accepter la frustration

Quand votre élève est capable d'exprimer ses besoins, il est nécessaire de lui apprendre également qu'il ne peut pas toujours accéder à ce qu'il souhaite. C'est d'autant plus vrai dans un milieu ordinaire, en groupe, où l'organisation est soumise à des imprévus !

L'attente :

Mettez donc votre élève en situation où il devra demande de l'aide, un objet, ou autre, et dites-lui « Attend ». Comptez jusque 10 puis s'il reste calme, félicitez-le chaleureusement et donnez-lui ce qu'il vous a demandé. S'il s'agite, attendez quelques instants qu'il se calme puis redirigez le vers l'activité en cours pour lui changer les idées. Dans tous les cas il n'obtient pas tout de suite ce qu'il a demandé. Favorisez la mise en place de cette situation plusieurs fois dans la demi-journée et veillez bien à gratifier ses progrès ! Quand l'élève accepte d'attendre, répondez à la demande de plus en plus tard

Le «Non » :

Quand votre élève accepte que sa demande soit différée, apprenez-lui à accepter un « non » clair, et que vous tiendrez. Orientez vite vers une activité pour lui changer les idées : vous pouvez au départ l'orienter vers une activité qu'il apprécie, pour que la frustration soit moins forte, puis progressivement l'orienter vers une activité neutre.

Par exemple : votre élève souhaite sortir jouer au foot pendant le temps scolaire. Malheureusement cela n'est pas possible pour le moment. Dites-lui « Non » en expliquant très brièvement à quel moment il pourra avoir accès à cette activité et ce qu'il doit faire à l'instant présent. Un « Non, tu dois d'abord finir de ranger tes affaires, mais tu pourras aller jouer au foot à la pause » passe toujours mieux et permet à votre élève de comprendre la raison de votre refus.

ATTENTION : intégrer une frustration à la fois, surtout si votre élève s'agace vite !

Votre élève va progressivement s'habituer à la frustration si elle est mise en place sans précipitation. Ce nouveau progrès va considérablement faciliter son intégration dans le groupe et la vie de la famille, à condition que cette dernière reproduise à son tour ces mises en situations.

5) Suivre des routines

Les routines font partie de la structure d'une journée, que l'élève rencontrera en intégrant n'importe quelle communauté. Elles peuvent être liées au rangement, à l'hygiène, et aux déplacements notamment.

Enseignez en premier lieu des routines associées à des conséquences positives pour votre élève : comme faire son plateau au réfectoire juste avant de manger, ou aller chercher ses affaires avant de sortir prendre l'air. Identifiez ce que l'élève préfère : vous jouerez positivement sur sa motivation.

Enseignez une ou deux routines dans la journée, pas plus. Elles demandent un effort de planification et de mémorisation important.

Tout d'abord, analysez la tâche à effectuer : c'est-à-dire que vous allez observer les différentes étapes de la routine.

Exemple d'une analyse de tâche – Faire son plateau au réfectoire :

- Aller vers la vitrine réfrigérée
- Prendre un plateau
- Prendre des couverts
- Prendre un verre
- Prendre une serviette
- Prendre une entrée
- Prendre un plat
- Prendre un dessert
- Aller s'asseoir à une table

L'analyse de tâche sera ajustée en fonction du niveau de l'élève : il peut être nécessaire de décomposer les couverts en « Prendre un couteau » et « Prendre une fourchette », ou au contraire «Prendre les couverts, l'assiette et la serviette », si cette étape est déjà acquise par l'élève. Quand il s'arrête pendant l'analyse de tâche, apportez votre aide uniquement pour qu'il termine son geste, puis encouragez-le à continuer seul.

Ensuite, enseignez une étape après l'autre : commencez par guider toute la chaîne de comportements, et enseignez la dernière étape. C'est-à-dire que vous apportez une guidance la plus faible possible, puis vous guettez les moindres signes d'initiative de l'élève. Dès qu'il amorce un geste, stoppez votre guidance et laissez-le faire. Gratifiez dès que l'élève commence à initier l'étape et que vous pouvez diminuer la force de la guidance. Quand l'étape est réussie au moins 3 fois d'affilée, guidez toute la chaîne jusqu'à l'avant-dernière, que vous allez maintenant enseigner … La gratification continue par contre à être donnée à la toute fin de la routine, quand les étapes en apprentissage ont été réussies.

Pour les élèves lecteurs, une guidance visuelle peut être apportée sous forme de To Do list, qu'il viendra poser sur son plateau par exemple. Vous pouvez utiliser des pictogrammes représentant les étapes : une assiette, un verre, etc. afin que l'élève repère plus rapidement les étapes à effectuer.

Exemple de guidance visuelle pour une routine d'habillage :

Mettre le slip
Mettre le T-shirt
Mettre le pull
Mettre le pantalon
Mettre les chaussettes
Ajuster les vêtements du haut
Ajuster les vêtements du bas

6) Devenir autonome

Vaste question ! Pour déterminer les objectifs à poser, posez-vous les questions suivantes :

Quelle compétence d'autonomie manque-t-il à mon élève, si je prends comme référence ses camarades du même âge ?

⇩

Parmi ces compétences, lesquelles sont utilisées le plus fréquemment dans la journée ?

⇩

Si mon élève n'apprend pas à faire seul cette tâche, devra-t-on l'aider à l'effectuer ou cela n'aura pas d'importance ?

Les compétences pour lesquelles vous aurez répondu « Oui » à la dernière question devront être enseignées en priorité, puisqu'elles sont fréquentes et indispensables dans la vie de l'élève. Elles vont aussi nécessiter une aide extérieure, que l'élève peut vivre comme intrusive, d'autant plus si elle est répétée plusieurs fois par jour. Ce sont souvent des compétences d'hygiène, comme la propreté, qui peuvent stigmatiser notre élève différent et freiner son intégration au sein du groupe.

Une liste des compétences d'autonomie souvent rencontrées à l'école vous permettra d'y voir plus clair.

Les Compétences d'Autonomie :

- Se rendre spontanément aux wc / ou demander pour y aller
- S'essuyer seul et correctement
- Tirer la chasse d'eau
- Se laver les mains
- Se laver la figure
- Utiliser une fourchette
- Utiliser un couteau
- Tartiner
- Utiliser un verre
- Verser de l'eau dans un verre
- Mettre de la nourriture dans l'assiette
- Verser de l'eau dans le verre
- Utiliser une serviette
- Composer un plateau repas
- Garder sa place propre
- Essuyer des tâches avec une éponge ou un essuie-tout

- Ouvrir une boîte ou un sachet zippé
- Aller chercher une occupation
- Aller chercher du matériel
- Ranger ses affaires (manteau, pull, vêtements de sport)

Cette liste est bien entendu à compléter selon les exigences de votre établissement !

Conseil : Tester chaque compétence et lister celles qui nécessitent votre aide. Se poser les bonnes questions, comme vu précédemment, et enseigner 2 compétences à la fois. Une fois qu'une compétence est acquise, vous pourrez en introduire une nouvelle. Attendez qu'une compétence soit effectuée seule par l'élève, au moins 3 fois pour la considérer comme acquise.

L'idéal étant d'en informer les parents, voire même d'avoir pu en discuter au préalable avec eux afin de sélectionner les objectifs communs à la maison et à l'école.

Si chaque acteur de la prise en charge de l'élève enseigne la compétence ciblée, l'apprentissage ira beaucoup plus vite !

Pour favoriser l'apprentissage de compétences d'autonomie, voici quelques conseils :

Expliquer à votre élève ce que vous attendez de lui : montrez-lui, visionner une vidéo en rapport, lisez un livre sur le sujet (adapté à son âge)

Dès qu'il montre de la coopération, même si le geste n'est pas complet, valorisez-le !

Sur le moment, évitez de lui parler et de lui répéter une consigne : comme l'objectif est l'autonomie, vous devez rester le plus discret possible ! Pointez ou guidez physiquement le plus légèrement possible.

7) Suivre des consignes simples et complexes

L'écoute des consignes et leur réalisation sont directement liées aux capacités d'attention et de compréhension de l'élève. S'il ne répond pas aux consignes du groupe, assurez-vous qu'il en ait les prérequis. Voici les consignes de base que vous pouvez évaluer et enseigner, dans un ordre croissant de difficulté :

- Répondre à une consigne simple individuelle, donnée par une personne proche (parent, accompagnant)
- Répondre à une consigne simple individuelle, donnée par l'enseignant

- Répondre à une consigne simple utilisant le « Vous ». Une consigne de groupe est syntaxiquement différente d'une consigne individuelle. Passer de « Lève-toi » à « Levez-vous » peut nécessiter un réel apprentissage pour votre élève, car il s'agit d'une nouvelle consigne !

Attention : la consigne doit être donnée de façon concise, c'est-à-dire sans explication superflue. 3-4 mots maximum pour commencer.

Pour enseigner ces consignes à votre élève : prononcez votre consigne (si besoin en émettant un signe/bruit pour qu'il sache que c'est le moment d'écouter), et guidez l'élève pour y répondre. Répétez l'opération plusieurs fois pour qu'il associe les mots et l'action. Au bout de 5 consignes guidées (ou plus si besoin), diminuez la force de votre guidance et gratifiez les efforts, dès que l'élève effectue au moins une toute petite partie de la consigne seule. Quand il commence à initier la réponse, attendez 3s avant d'apporter une guidance, pour qu'il ait une chance de répondre complètement seul. Dès qu'une consigne est acquise, enseignez au moins 5 autres consignes, l'une après l'autre, que vous allez alterner aléatoirement afin d'habituer votre élève à vous écouter.

Voici les étapes suivantes, qui font davantage appel à la concentration de l'élève :

- Répondre à une consigne de groupe simple – avec une seule indication (ex : « Prenez votre règle »)
- Répondre à une consigne de groupe complexe – avec au moins 2 indications (ex : « Prenez votre règle **et** allez vous asseoir »).
- Répondre à une consigne de groupe avec une sélection des personnes concernées : « Ceux qui ont fini, venez », « Les filles, venez vous mettre devant », etc.

Comme pour les consignes en individuel, les consignes de groupe peuvent et doivent être enseignées, en guidant, en gratifiant dès que l'élève initie le geste, et surtout en travaillant cet apprentissage tous les jours.

L'enseignant, s'il est volontaire, peut aider à enseigner cette compétence : en donnant un signal au moment de la consigne pour attirer l'attention de l'élève et en donnant plusieurs petites consignes d'affilée. Cela peut même constituer un jeu avec le groupe, à la manière d'un Jacques-a-dit.

Si l'élève met longtemps à acquérir les consignes de groupe, vous pouvez lui apprendre à imiter ses camarades. C'est une autre façon très naturelle de se repérer au quotidien ! Pour cela, il suffit de pointer du doigt les camarades les plus proches de votre élève et de lui dire de les imiter. Guidez si besoin les premières imitations, puis diminuez votre guidance. Vous pointerez ensuite ses camarades sans rien dire, pour que votre élève ne soit plus dépendant de vos consignes orales.

Cette stratégie lui sera toujours utile, quel que soit le contexte ! Pour éviter les impairs, apprenez-lui à imiter un élève attentif à l'enseignant, qui constituera donc un bon modèle.

L'écoute des consignes ou l'imitation de ses camarades rendra votre élève plus autonome, et vous pourrez vous éloigner de lui pendant des temps de regroupement ou pour des tâches académiques simples.

Quelques consignes de base que l'élève doit connaître, au singulier comme au pluriel :

Viens	Montre le …
Regarde	Arrête
Lève-toi	Continue
Assied-toi	Moins fort
Tourne-toi	Plus fort
Prend le …	Plus vite
Donne le …	Doucement
Va chercher le …	Fais comme moi / lui
Va dire à untel de …	Va donner ceci à …
Allume / Eteins le …	Va mettre ceci sur/sous/ …
Va ouvrir / fermer le …	

8) S'occuper seul - gérer l'ennui

Grâce à l'apprentissage des choix et des demandes, votre élève peut utiliser des activités appréciées pour occuper une partie de sa journée. Progressivement, vous pourrez cadrer ces temps à des moments précis de la journée, en utilisant un planning visuel, et sur une durée précise – en contrôlant avec un Timer ou en utilisant l'activité suivante comme signal d'arrêt. C'est à dire que vous indiquez à votre élève qu'il doit arrêter son activité quand le cours suivant reprend / l'alarme sonne / l'enseignant entre dans la classe, etc.

Vous pouvez également utiliser la technique du Ticket, pour apprendre à votre élève à s'autogérer :

- Donnez à votre élève des Tickets Loisir. Donnez-en un nombre compatible avec le rythme de la classe, et pour une durée précise. Exemple, 5 Tickets comme ci-dessous :

> *Bon pour*
> *5mn de*
> *DESSIN*

- Votre élève pourra les utiliser tout au long de la journée ! A lui de les économiser. Vous pourrez ensuite poser peu à peu des limites : comme utiliser le Ticket uniquement en dehors des temps de regroupement par exemple, ou interdire d'utiliser 2 Tickets d'affilée.
- Vous pouvez également intégrer dans les Tickets des activités moins appréciées, pour

qu'il diversifie peu à peu ses centres d'intérêt. Il a donc un nombre majoritaire de Tickets d'activités passionnantes, et 2-3 Tickets d'activités qu'il apprécie moins. Le fait qu'il puisse les utiliser à son gré l'amènera à reprendre plaisir à les pratiquer.

L'élève apprend à s'occuper avec un support, mais il doit également apprendre à s'occuper sans matériel. Le problème peut se poser s'il doit faire la queue un certain temps, ou s'il doit attendre debout avec ses camarades. Il doit donc connaître quelques stratégies d'attente qui lui permettront de garder son calme et de rester dans le groupe.

Pour identifier ces stratégies, la meilleure solution est de prendre exemple sur les camarades de son âge : que font-ils pour passer le temps ? Se racontent-ils des blagues ? Enseignez des blagues à votre élève, ou un tour de magie simple ! Font-ils des batailles de pouce ? Triturent un morceau de pâte collante ? Chantent une chanson ? Se racontent-ils les épisodes d'une série ?

Enseignez les stratégies d'attente qui ne nécessitent pas de matériel et qui ne gênent pas le groupe, vous permettrez ainsi à votre élève de mieux s'intégrer ! Plus votre élève aura des centres d'intérêt proches de ceux de ses camarades, plus ces derniers lui accorderont leur attention.

9) Accepter les transitions : attendre

Même avec de bonnes stratégies d'occupation, comme en 8), l'attente peut malgré tout provoquer de l'agitation chez l'élève. Si les autres camarades de son âge parviennent à attendre dans un calme relatif, il convient donc de le lui apprendre également ! Comment procéder :

1) Tout d'abord, observons l'élève : une fois le temps d'attente amorcé, calculez combien de temps il garde un comportement approprié. S'il a une stratégie d'occupation, encouragez-le à l'utiliser ! Quand l'élève commence à s'agiter et/ou fait du bruit, de sorte que l'enseignant et les autres élèves se tournent vers lui pour savoir ce qui se passe, relevez le temps écoulé et considérez que l'intervalle de temps s'arrête.
2) Considérez un temps moyen, pris sur 5 intervalles de transitions différents. Vous partirez sur un intervalle de temps légèrement moindre, par exemple 45s si le temps moyen est d'1mn.
3) Dans un premier temps, toutes les 45s, si l'élève ne perturbe pas le groupe, il peut faire une pause et avoir accès à une occupation plaisante.
4) S'il perturbe le groupe, on revient à 0 et on repart sur un nouvel intervalle. Votre élève

n'a donc pas accès à son activité plaisante tout de suite : on attend un intervalle réussi pour la lui donner.

5) Quand l'élève s'est tenu correctement pendant 45s au moins 3 fois d'affilée, on augmente le temps de 30s.
6) De la même façon, l'élève reçoit des gratifications à la fin de l'intervalle.
7) Vous continuerez à augmenter l'intervalle de 30s au bout de 3 réussites, et ainsi de suite.
8) Réévaluez votre intervalle en faisant au moins 1 ou 2 tests par semaine, en vous tenant à l'écart et sans intervenir. Votre élève vous étonnera peut-être et vous avancerez plus vite que prévu !

Les durées en seconde vous sont données de façon indicative, et partent du postulat que vous avez du temps à consacrer à votre élève. Si ce n'est pas le cas, ayez au moins face à vous une horloge, sur laquelle vous pourrez lever les yeux de temps à autre.

Il faut surtout veiller à faire des pauses agréables dès que l'élève progresse, et garder des intervalles de travail courts au début pour que ce soit FACILE ! Une fois mis en réussite, votre élève progressera de façon régulière.

Attention : si votre élève s'agite et fait trop de bruit, de sorte que vous ne trouvez pas d'autre solution que le sortir du groupe, attendez au moins qu'il soit calme 5-10s avant de le sortir du groupe.

ATTENTION : Si votre élève apprécie moyennement d'être en groupe et qu'on lui permet d'y échapper dès qu'il fait du bruit, il utilisera ensuite cette stratégie pour en sortir à nouveau ! Demandez-lui plutôt de se calmer et de demander correctement pour faire une pause. Donnez-lui le modèle approprié : « Tu dis « Je veux une pause » ». Accordez la pause même si la demande est approximative dans un premier temps. Vous le solliciterez plus tard pour formuler une phrase plus complète.

Il est également important de s'interroger sur son malaise et trouver une façon de rendre le groupe plus agréable et ludique pour lui !

10) Accepter les transitions : se déplacer

Votre élève est-il autonome pendant les déplacements ? Pour changer de salle, aller en pause ou aller aux wc ? Si la réponse est « Non », vous pourrez y remédier en vous appuyant sur les conseils suivants :

Si le déplacement se fait en groupe :

- Apprenez à votre élève à imiter ses camarades. Restez derrière lui pour ne pas l'influencer. Il peut être capable de vous suivre, mais pas de suivre les autres : d'où l'intérêt de le laisser évoluer avec d'autres personnes que vous. Pointez du doigt ses camarades, en lui demandant de les imiter. Il voit juste votre doigt et vous donnerez une légère impulsion physique pour l'inciter à partir dans leur direction.
- Peu à peu, pointez de moins en moins longtemps, et donnez la consigne de moins en moins fort. Puis attendez 3s avant de pointer : votre élève va initier progressivement le mouvement spontanément. Tout progrès, tout amorçage de la réponse doit être valorisé.
- Vous pouvez lancer un challenge juste avant le départ : « Tu vas devoir partir en sport, si tu arrives à aller jusqu'à la salle en suivant tes camarades tu seras un champion !!! Et tu

auras bien mérité de jouer au foot /de te reposer / toute autre activité plaisante. »

- Jouez sur la motivation de l'élève : il aura à cœur d'apprendre à devenir autonome !

Si le déplacement se fait en autonomie,

- Parcourez le trajet avec votre élève, en vous plaçant d'abord à ses côtés pour le guider, puis la fois suivante légèrement en retrait, puis encore un peu plus en retrait, puis franchement derrière lui, puis à 1m derrière, 2m, … et enfin restez dans la classe !
- N'ayez pas peur de rester à distance. Indiquez-lui que vous êtes juste à côté : ce type d'exercice va lui donner une réelle assurance !
- N'oubliez pas de valoriser ses réussites, même si elles sont graduelles, car prendre de la distance est un exercice particulièrement difficile pour un élève qui a souvent été assisté physiquement.

Une fois la transition effectuée, vous pourrez venir l'aider à réaliser la tâche suivante s'il ne la maîtrise pas.

11) Travailler seul sur une tâche académique

Dans un premier temps, listez les activités académiques qui ont une règle simple, avec un début et une fin très clairs, et qui ne comportent pas de contrainte trop importante. Nous éviterons les tâches de graphisme pour un élève avec des difficultés grapho-motrices ... Pour commencer, il est préférable que la tâche soit déjà maîtrisée par l'élève, et que la seule contrainte soit donc d'enchaîner plusieurs exercices jusqu'au bout.

Rendez la consigne claire, surlignez le mot important, coupez la feuille si elle comporte trop d'exercices.

Commencez par un seul exercice, rapide et simple, pour lequel vous gratifierez les efforts de votre élève.

Une fois que votre élève fait son exercice seul du début à la fin, dans un temps approprié (utiliser un Timer ou l'horloge si besoin), et 3 fois d'affilée, introduisez un 2nd exercice. Et ainsi de suite jusqu'à parvenir à terminer toute une feuille !

Si votre élève est trop habitué à travailler avec un adulte à ses côtés, ajoutez donc une étape au façonnement : demandez à votre élève de faire ce tout petit exercice avec vous à ses côtés, puis vous derrière lui, puis vous vous éloignez d'1m, puis 2m, etc. Attendez d'avoir obtenu au moins 3 réussites avant de vous éloigner un peu plus.

Vous pouvez enseigner à votre élève une stratégie de self management afin de l'aider à ne rien oublier, en lui apprenant à venir apposer un carré au niveau de chaque exercice, qu'il viendra barrer une fois l'exercice terminé. Il sait ainsi où il en est et n'oublie rien !

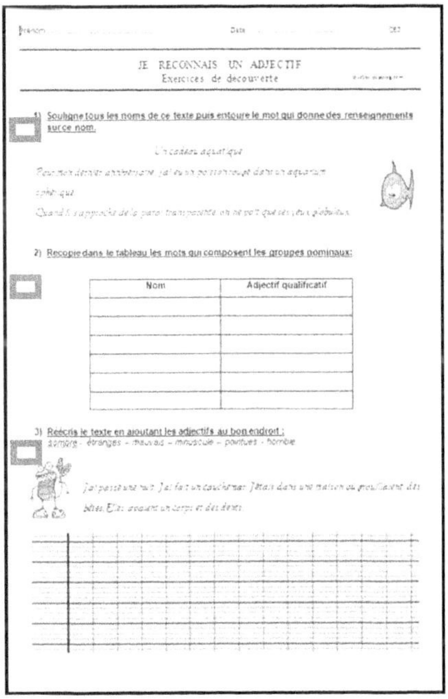

Prénom Date

JE RECONNAIS UN ADJECTIF
Exercices de découverte

1) Souligne tous les noms de ce texte puis entoure le mot qui donne des renseignements sur ce nom.

Un cadeau aquatique

2) Recopie dans le tableau les mots qui composent les groupes nominaux:

Nom	Adjectif qualificatif

3) Réécris le texte en ajoutant les adjectifs au bon endroit :

Une fois que l'élève parvient à travailler au moins 10-15mn en autonomie, vous pourrez augmenter la complexité de l'exercice. S'il a les capacités de demander de l'aide, introduisez quelques notions complexes.

Les prérequis scolaires

Les compétences sociales et de vie en collectivité permettront à votre élève d'avoir un contrôle sur son environnement et d'évoluer au sein d'un groupe de façon durable.

Cependant il ne faut pas négliger le contenu académique des tâches et temps de groupe : pour une intégration scolaire efficace, l'élève doit comprendre les principaux concepts scolaires qu'il rencontre au quotidien. S'il a des difficultés en maths, il est préférable qu'il soit au niveau dans d'autres matières, comme le graphisme et le français par exemple, sinon son quotidien ne sera que contraintes ! Et même avec des prérequis sociaux solides, sa motivation sera inévitablement mise à mal. Des comportements d'opposition peuvent alors survenir, comme un abattement : il faut y rester extrêmement vigilant.

L'idéal est que l'élève possède des prérequis solides pour au moins la moitié des matières scolaires !

Chapitre 5

L'adaptation des temps de groupe

Nous allons à présent aborder les temps de groupe en dehors de la classe, car ils ont souvent une organisation et des objectifs différents.

L'aide à apporter à votre élève reste cependant le même :

- Guider rapidement dans un premier temps pour que votre élève soit en réussite et ne mémorise pas une réponse incorrecte
- Diminuer la force de la guidance apportée au fur et à mesure des tentatives
- Gratifier les efforts, par des gratifications conséquentes si votre élève est en grande difficulté : temps de jeu, sortir de la pièce quelques minutes, etc.
- Graduer la difficulté, étape après étape. Testez différentes situations et sélectionnez celles qui mettent votre élève en réussite.

L'enseignant, même s'il n'est pas le même que d'ordinaire, reste de préférence le Référent de votre élève : c'est lui qui donne les consignes, intervient si une règle est enfreinte, aide l'élève s'il en a le temps, et le félicite en cas de succès !

Le réfectoire

Le temps du repas peut être un moment délicat pour notre élève, qui se retrouve dans un environnement bruyant et parfois chaotique.

Les temps d'attente y sont souvent longs et doivent être atténués en apportant à votre élève un passe-temps discret, avec l'accord du personnel. Si le brouhaha est vraiment gênant, autorisez votre élève à porter des boules Quiès ou à sortir faire une pause dès qu'il a supporté le bruit quelques minutes. Alternez des temps de bruit et de silence : votre élève sera moins gêné, tout en continuant à s'habituer au bruit ! Vous pourrez augmenter minute par minute le temps passé dans le réfectoire.

N'OUBLIEZ PAS que votre élève, avec ses particularités, peut avoir un traitement sensoriel DIFFERENT du vôtre. Certaines pathologies modifient les entrées sensorielles et peuvent faire ressentir un bruit / une odeur / un contact comme insupportable, alors que vous-même n'y avez rien vu de particulier … Respectez donc les sensations de votre élève et aidez-le à les surmonter !

N'hésitez pas à placer votre élève à côté d'un camarade qu'il apprécie et avec qui il peut échanger : le temps passera plus vite, et le moment du repas sera associé à du plaisir ! Trouvez des activités qui passeront le temps agréablement : le Shifumi (pierre feuille ciseau), les devinettes, les jeux de main, chansons, etc.

Pour un élève souffrant de sélectivité alimentaire, le moment du repas peut être particulièrement stressant. Aidez-le à surmonter ses difficultés en lui proposant uniquement de goûter un minuscule morceau de l'aliment qu'il rejette. Ce morceau peut être isolé sur une coupelle pour paraître encore moins gros. Proposez régulièrement à votre élève de goûter, et proposez une conséquence particulièrement agréable pour saluer ses progrès ! Ne le forcez surtout pas et continuez, jour après jour, à lui proposer de goûter à tout. Une fois qu'il a goûté, ne lui proposez pas une fourchette de plus : laissez-le décider. L'objectif est surtout qu'il goûte au moins une fois. Il faut souvent plusieurs essais avant d'apprécier un aliment, d'autant plus après plusieurs années de sélectivité. La patience est donc de mise !

Dans le cas d'un Self-Service, enseignez à votre élève à remplir son plateau seul, à l'aide d'une guidance visuelle (liste mémo écrite ou dessinée, que vous laissez visible sur son plateau) :

Prendre :
Couteau/fourchette
Cuillère et verre
Entrée
Pain
Plat
Dessert

Une fois qu'il a fini, laissez-le prendre l'initiative de se lever et d'aller ranger son plateau (placez-vous juste derrière lui et donnez une légère guidance physique pour l'orienter vers la sortie, sans parler). Dès qu'il amorce seul le déplacement, mettez-vous en retrait quelques mètres derrière et n'intervenez que si nécessaire.

Le sport

Le sport en groupe demande de solides habiletés sociales et une compréhension graduelle des règles.

Le travail en individuel, avec un camarade ou l'enseignant, est une première étape pour y parvenir. Ce travail permettra de vérifier que les compétences motrices sont acquises : sauter, lancer, attraper, courir, lever les bras, lever les jambes, plier les membres, avancer à cloche-pied, tourner, dribbler, …

Si des difficultés se présentent, un suivi psychomoteur peut s'avérer nécessaire.

La seconde étape sera d'enseigner des interactions sportives en binôme. Le binôme restera idéalement le même sur plusieurs séances, pour plus d'efficacité ! Ces exercices doivent inciter notre élève à regarder vers l'autre, anticiper ses actions et apprendre à le solliciter. Il peut s'agir de jeux de passe, chacun son tour, de jeux de relai, de jeu d'opposition, qui oblige à se confronter et aller au contact de l'autre. L'élève peut également apprendre à regarder et nommer son camarade avant de lui envoyer un ballon par exemple, cela prépare le futur travail en équipe.

Une fois l'élève à l'aise en binôme, grâce notamment à l'apport de guidance et à vos gratifications, le travail en groupe peut commencer.

Un groupe de 3, puis de 4 permettra de graduer la complexité des exercices. Prenez un temps pour expliquer les règles, en les illustrant par une démonstration rapide. Exécuter les gestes en précisant clairement ce que vous faites et pourquoi : « Là, je vais vers un élève au maillot rouge, j'essaie de prendre son ballon et je le lance à mon partenaire ». Au cours du jeu, pointez régulièrement les gestes corrects et les gestes incorrects, sans réprimander. Il s'agit pour votre élève de bien intégrer les règles et de pouvoir se réajuster. En valorisant ses efforts, vous lui permettez de prendre confiance en lui donc soyez expressif !

Un support visuel peut être construit pour illustrer une règle, qui sera revue juste avant la séance.

Le temps de pause

Les pauses interclasse, sont des moments qui peuvent être une bouffée de liberté, comme un moment interminablement long ...

Si votre élève s'y ennuie il est urgent de lui apporter votre aide, car il peut passer jusqu'à 3h par jour en temps de pause.

Bavarder avec ses camarades : votre élève parvient-il à échanger ses idées, partager ses centres d'intérêt ? Si oui, observez discrètement comment se déroulent les échanges : votre élève exprime-t-il ses émotions ? Pose-t-il des questions à ses camarades ? Réagit-il aux blagues ? Montre-t-il à son interlocuteur qu'il l'écoute, en le regardant et en faisant des commentaires ? Identifiez les éléments d'interaction qui perturberaient ses échanges et reprenez avec lui pendant un moment calme. Revoyez point par point, en donnant des exemples et en réalisant un jeu de rôle pour l'entraîner à participer à l'échange de façon réciproque. En cas de difficulté qui entraverait les échanges avec les camarades, des prises en charge ciblées sur les interactions sociales existent, en individuel comme en groupe.

Si les échanges restent complexes, demandez-vous si un autre type d'échange est possible :

- Sous forme de jeu chez les plus jeunes : Jacques a dit, le Chef d'orchestre, 1-2-3 Soleil, sont autant de jeux ludiques qui pourront l'occuper pendant les temps de pause. Aidez-vous de l'enseignant pour identifier des élèves intéressés pour jouer, mais en général il n'est pas nécessaire d'insister !
- L'apport de matériel peut être aussi une façon de s'intégrer : en amenant des billes, ou des cartes à jouer par exemple, en vous assurant que l'établissement autorise ce type de jeu.
- Quand les jeux traditionnels n'intéressent pas votre élève, incitez-le à jouer un court moment, puis permettez-lui de faire ce qu'il souhaite. Sur un temps de pause de 30mn, vous pouvez le solliciter à 2 ou 3 reprises : il joue 2mn avec ses camarades à l'activité que vous proposez, puis se repose 8mn, puis joue à nouveau, etc. D'une semaine sur l'autre, ajoutez quelques minutes de jeu supplémentaire.
- Une fois que votre élève a pris sur lui pour jouer, l'idéal serait qu'il puisse avoir accès à une activité qu'il apprécie beaucoup : entretenez-vous avec l'enseignant ou la direction pour déterminer quels

aménagements sont possibles. Lire un livre, rester dans la bibliothèque, amener un jeu, etc.

Si votre élève ne parvient malgré tout pas à s'intégrer et a des difficultés à supporter ces temps de pause, demandez s'il peut rester un temps dans la bibliothèque ou dans la classe. Certains établissements l'autorisent et cela peut constituer un temps pour se reposer ou reparler d'un évènement qui aurait posé problème par exemple.

Les sorties

Il est probable qu'au cours de l'année, la classe de votre élève se déplace à l'extérieur pour aller au cinéma, visiter un musée, ou effectuer une rencontre sportive.

Si votre élève a des difficultés à gérer ce type de changement : préparez avec lui la sortie. Revoyez ensemble les règles inhérentes aux sorties :

- Rester visible par les adultes
- Suivre le groupe, ne pas courir
- Toujours avoir un adulte dans son champ de vision
- Demander de l'aide à l'adulte référent si besoin

Illustrez par des images si vous doutez que votre élève comprenne parfaitement vos explications. Vous les emporterez avec vous le jour même pour rappeler les règles tout au long de la sortie : il peut même les garder dans sa poche.

Déterminez, en accord avec l'enseignant, un élève référent qui aura une place de « tuteur » pour votre élève. S'il est d'accord, il restera à ses côtés pendant les trajets et lui commentera la sortie. Il est courant que des enfants se proposent spontanément pour accompagner un élève en difficulté. Certains élèves ont un sens aigu des responsabilités et reproduisent les attitudes de l'accompagnant. Ils vous aideront à rester en retrait et votre élève prendra plaisir à gagner en autonomie !

Quelle prise en charge pour l'enfant en difficulté ?

Si l'enfant est scolarisé et suit relativement bien la classe : une demande d'AVS (Auxiliaire de Vie Scolaire) auprès de l'éducation nationale semble une solution pertinente. L'enfant aura ainsi une personne qui l'accompagnera sur son lieu scolaire quelques heures par semaine et pourra l'aider à comprendre les règles de vie et les subtilités de communication.

Si la scolarisation est complexe mais appréciée par l'enfant, certains établissements scolaires comportent des ULIS : Unités Localisées pour l'Inclusion Scolaire. C'est une classe à petit effectif, située dans une école ou un collège, pour enfants en situation de handicap. Elle permet un temps de classe avec un enseignant spécialisé ainsi qu'un Auxiliaire de Vie, en petit groupe, et quand c'est pertinent, des inclusions en classe normale pour les matières que l'enfant aime et qui le mettent en réussite. Son inclusion se fait donc en fonction de ses besoins, dans un cadre rassurant. Tous les établissements scolaires n'ont pas d'ULIS, il faut donc partir en quête !

Pour les plus jeunes, des Unités d'Enseignement Maternelle ont vu le jour : il s'agit de petites structures dépendant de l'éducation nationale, située dans des écoles, et recevant un petit nombre d'enfants. Elles ressemblent à des ULIS, à la différence que l'équipe se compose d'éducateurs, psychologue, orthophoniste, psychomotricien selon les établissements, en plus de l'enseignante spécialisée. Une Unité d'Enseignement Ados a ouvert depuis début 2016 à Paris : c'est pour le moment le seul dispositif pour adolescents en milieu scolaire.

Une 3ème solution : les SESSAD. Ces structures «volantes» ont pour objectif d'octroyer un intervenant éducatif à l'enfant plusieurs heures par semaines, et cet intervenant va accompagner l'enfant sur ses lieux de vie : école, domicile, centre de loisir, cours de sport, … Les intervenants éducatifs sont supervisés par un psychologue, formés par ses soins, et l'enfant peut parfois bénéficier d'autres prises en charge proposées par le SESSAD : séance d'orthophonie ou psychomotricité par exemple.

Si le maintien en milieu ordinaire semble difficile : troubles du comportement, écart trop important avec le niveau scolaire ou détresse de l'élève, des institutions existent. Je vous conseille dans un premier temps de vous diriger vers une structure adaptée aux particularités de votre enfant, qui sera plus à même de l'accompagner en connaissant ses forces et difficultés. Des IME existent à grande échelle : je ne saurais que vous conseiller de vous fier au bouche à oreille et de vérifier que votre IME suit les recommandations de la Haute Autorité de Santé. L'HAS recommande actuellement l'utilisation de procédures issues de l'ABA (Applied Behavior Analysis), du Modèle de Denver et du TEACCH. Ces procédures montrant des résultats plus rapides et pérennes, avec une vraie rigueur scientifique : cotations, supervisions régulières, révision des procédures, etc.

Voilà donc pour les moyens de prise en charge qui sont financés par l'état.

Si aucune de ces solutions ne convient à l'enfant, les parents ont encore la possibilité de financer une équipe en libérale, composée d'un éducateur / moniteur éducateur / intervenant formé aux particularités de l'enfant. N'hésitez pas à demander les diplômes et de proposer une séance test avec l'enfant !

Conclusion

Notre tour d'horizon de l'intégration est loin d'être terminé, mais cela vous fait néanmoins de nombreuses pistes à explorer.

Gardez toujours en tête que votre élève a des capacités d'apprentissage, et que vous êtes un pilier essentiel pour lui. Ne tombez pas dans le travers de contrôler son environnement ainsi que lui-même : une lutte ne sera jamais profitable à quiconque, et finalement tout le monde est perdant.

Devant tout échec : tournez-vous toujours vers ses centres d'intérêt. C'est la clé de la coopération !

BIBLIOGRAPHIE

Barbera, M.L., The Verbal Behavior Approach, Jessica Kingsley Publishers

Bates, P.,(1980) The effectiveness of interpersonal skills training on the social skill acquisition of moderately and mildly retarded adults, *Journal of Applied Behavior Analysis*, 13, 237-248.

Bouma, R. & Schweitzer, R. (1990) 'The Impact of Chronic Childhood Illness on Family Stress:A Comparison between Autism and Cystic Fibrosis', *Journal of Clinical Psychology* 46, 722–30

Cartron, A., Winnykammen, F., Les relations sociales chez l'enfant, Armand Colin.

Cooper, J.O., Heron, T.E., Heward, W.L., Applied Behavior Analysis, Second Edition, Pearson International Edition

Koegel, R. L., Koegel, L.K., The PRT Pocket Guide, Brookes.

Koegel Kern, L., Koegel, R.L., Rumore Parks, D., How to teach self management to people with severe disabilities : A training manual

Partington, J.W., Assessment of Basic Language and Learning Skills (ABLLS), Partington Behavior Analysts

Partington, J.W., Mueller, M., Assessment of Functional Living Skills (AFLS)

Restoux, P., Vivre avec un enfant différent, Marabout.